BEI GRIN MACHT SICH IHR WISSEN BEZAHLT

- Wir veröffentlichen Ihre Hausarbeit, Bachelor- und Masterarbeit

- Ihr eigenes eBook und Buch - weltweit in allen wichtigen Shops

- Verdienen Sie an jedem Verkauf

Jetzt bei www.GRIN.com hochladen und kostenlos publizieren

Bibliografische Information der Deutschen Nationalbibliothek:

Die Deutsche Bibliothek verzeichnet diese Publikation in der Deutschen National-
bibliografie; detaillierte bibliografische Daten sind im Internet über http://dnb.d-
nb.de/ abrufbar.

Impressum:

Copyright © 2016 GRIN Verlag, Open Publishing GmbH
Druck und Bindung: Books on Demand GmbH, Norderstedt Germany
ISBN: 9783668324305

Dieses Buch bei GRIN:

http://www.grin.com/de/e-book/342530/dieter-schnebel-leben-werke-und-bedeu-
tung-des-deutschen-komponisten

Florian Wolf

Aus der Reihe: e-fellows.net stipendiaten-wissen

e-fellows.net (Hrsg.)

Band 2164

Dieter Schnebel. Leben, Werke und Bedeutung des deutschen Komponisten

GRIN Verlag

GRIN - Your knowledge has value

Der GRIN Verlag publiziert seit 1998 wissenschaftliche Arbeiten von Studenten, Hochschullehrern und anderen Akademikern als eBook und gedrucktes Buch. Die Verlagswebsite www.grin.com ist die ideale Plattform zur Veröffentlichung von Hausarbeiten, Abschlussarbeiten, wissenschaftlichen Aufsätzen, Dissertationen und Fachbüchern.

Besuchen Sie uns im Internet:

http://www.grin.com/

http://www.facebook.com/grincom

http://www.twitter.com/grin_com

Gymnasium am Romäusring

GFS im Fach Musik

Dieter Schnebel

Leben, Werke und Bedeutung

Abbildung 1: Dieter Schnebel
Quelle: Salzburg Biennale [26]

Florian Wolf
Kursstufe 1

29. Mai 2016

Inhaltsverzeichnis

1 Abbildungsverzeichnis

2 Leben und wirkende Einflüsse

2.1 Kindheit und Jugend

Dieter Schnebel wurde am 14. März 1930 in Lahr, Baden geboren. Er ist der Sohn des Ingenieurs Max Schnebel und Anna Berta Schnebel (geb. Spathelfer). Schon sehr früh interessierte sich Schnebel stark für Musik und Zeichnen.[7, 27, Vgl.]

Ab 1941 erhielt er Klavierunterricht bei Wilhelm Sibler, der ein wichtiger Förderer seines musikalischen Talents war und eine entscheidende Rolle für Schnebels weitere Karriere spielen sollte. Sibler unterrichtete Schnebel in Musikthoerie und Musikgeschichte, Philosophie, Literatur und Theologie. Bereits in jungen Jahren kam Schnebel so in den Kontakt mit Musik von beispielsweise Gustav Mahler, Arnold Schönberg, Alban Berg oder der Philosphie von Immanuel Kant, Friedrich Nitzsche oder Albert Schweizer. Wilhelm Sibler führte Schnebel gezielt zur Musik, der Theologie und Philosphie und bildet so die Grundlage seiner Karriere als Theologe und Komponist.[8, Vgl.] Bereits im Alter von 13 Jahren versuchte Schnebel sich an eigenen Kompositionen.

1945 zog Dieter Schnebel mit seiner Familie nach Villingen-Schwenningen, wo er 1949 das Gymnasium beendete.[7, Vgl.]

2.2 Studium

Nach Abschluss des Gymnasiums studierte Dieter Schnebel Musik in Freiburg, Breisgau. Er besuchte außerdem die »Kranichsteiner Ferienkurse für neue Musik«[1], wo er in Kontakt mit Komponisten wie Pierre Boulez, Karlheinz Stockhausen und später auch John Cage kam.[10, Vgl.]

Bei solchen Ferienkursen konnten sich junge Komponisten mit neuen Avantgarde-Entwicklungen vertrautmachen und selbst eigene Stücke vorstellen. Schnebel bildete sich hier in Musiktheorie und Musikphilosophie weiter.[8, Vgl.] Im Jahre 1952 ereignet sich ein Schlüsselmoment für die Entwicklung Schnebels als Komponist. Heinz-Klaus Metzger, einer der beudetendsten Musiktheoretiker und -kritiker der neuen Musik nach 1945[17, Vgl.], überließ Schnebel zwei Partituren von Anton Webern.

Abbildung 2: Schnebel als Student [4]

Webern, ein österreichischer Komponist und Dirigent, war einer der Ersten Schüler Arnold Schönbergs. [1, Vgl.] In den Partituren *Piano Variationen op.27* und *Konzerte für 9 Instrumente op.24* nutzt Webern nicht nur die 12-Ton-Reihen für die Tonhöhe, wie auch Arnold Schönberg, sondern auch für die Tondauer, die Dynamik und die Klangfarbe. Das war eine Neuerung, die eine

---

[1]Heute: »Darmstädter Ferienkurse für neue Musik«

grundsätzliche Möglichkeit zur Neudefinition der klassisch-romantischen Musiktradition ermöglichte. Dabei verzichtete sie jedoch auf den emotionalen und subjektiven Ausdruck des Komponisten. Das beeindruckte Schnebel stark und hatte somit großen Einfluss auf seine weiteren Kompositionen.[8, Vgl.]

Von 1952 bis 1956 studierte Schnebel evangelische Theologie, Philosophie und Musikwissenschaft an der Universität Tübingen, wo er über »Die Dynamik bei Schönberg« promovierte.[10, Vgl.] Ab 1958 wendete er die neugewonnenen musiktheoretischen Einsichten, die er durch Anton Webern gewonnen hatte, auf seine neuen Kompositionen an. Es entstehen serielle Studien zur Klangfarbe und Textur mit, für Schnebel, charakteristischen Merkmalen. So beinhalteten seine strikt seriellen Kompositionen stets „stufenlose Übergänge oder Transformationen zwischen Klangfarbe und Geräusch".[8]

2.3 Pfarrer- und Lehrertätigkeit

Von 1956 bis 1963 arbeitete Schnebel als Pfarrer in verschiedenen Dörfern und in Kaiserslautern.[27] Er heiratet Camille und hat zwei Kinder. Zu dieser Zeit wird Schnebel stark von John Cage, den er sogar persönlich trifft und den New Yorker Fluxus Künstlern beeinflusst.[2]

Die Musikrichtung Fluxus wurde vor allem in den 1960er Jahren sehr bekannt und von namhaften Avantgardekünstlern aufgegriffen. Beim Fluxus wird der herkömmliche Sinn, der als bürgerlicher Fetisch gilt, negiert und so das Kunstwerk bewusst angegriffen. Hierbei geht es vor allem um die schöpferische Idee.[3]

Die steigende Popularität von Fluxus trägt zur Beflügelung vieler Komponisten bei und sorgt für die fruchtbarste Schaffensperiode Schnebels.[8, Vgl.] Fluxus veränderte seinen komponierenden Stil stark und es entstanden unter anderem Stücke der »Visible Music«, also der sichtbaren Musik, bei dem ein imaginäres Hörerlebnis vermittelt wird. Die »sichtbare Musik« Schnebels erlangte in der Öffentlichkeit große Aufmerksamkeit und Schnebel wurde zunehmend bekannter. So entstand auch die Komposition *Nostalgie*. Dabei leitet der Dirigent ein imaginäres Orchester und das Publikum soll sich den Klang vorstellen.[27, Vgl.] Ab 1963 bis 1970, arbeitete Schnebel als Religionslehrer in der Wöhlerschule, in Frankfurt am Main. Nach dem Tod seiner Frau Camille, im Jahre 1970, geht er die zweite Ehe mit Iris von Kaschnitz ein. Außerdem zieht er 1970 nach München, wo er als Religions- und Musiklehrer tätig ist. Er gründet dort eine (auch heute noch) vielbeachtete Arbeitsgemeinschaft für neue Musik und eine Vielzahl seiner Stücke entstanden in dieser Zeit.[12, Vgl.]

---

[2]Siehe dazu Kapitel 2.1
[3]Unterrichtsmaterial Musikunterricht

2.4 Stelle als Professor

1976 wurde für Schnebel eine Professorenstelle für experimentelle Musik und Musikwissenschaften an der »Hochschule der Künste«[4] in Berlin eingerichtet.[12, 27, 7, Vgl.] Gegen Ende des Jahres 1977 gründete Dieter Schnebel die (Musik-)Theatergruppe »Die Maulwerker«, mit denen er viele Auslandsreisen, unteranderem nach Kanada, Japan und in die USA, unternahm.[12, Vgl.] Zu dieser Zeit arbeitete Schnebel an „Aufhebung der Grenzen zwischen Musik und Sprache und zwischen Musik und Theater"[27]. Mit der Gruppe »Die Maulwerker« brachte er viele seiner experimentellen Musiktheaterwerke zur Uraufführung.[7, Vgl.]

Abbildung 3: Schnebel als Professor [5]

Heute ist das Ensemble selbstständig geführt und die Mitglieder gelten als Spezialisten für Schnittmengen von Musik und Theater, Musik und Sprache, in der Durchdringung von Musik und Raum und Klang und Stil. Alle »Maulwerker« haben im Rahmen ihrer Ausbildung der experimentellen Musik bei Dieter Schnebel studiert.[2, Vgl.]

Im Jahre 1991 wurde Dieter Schnebel Mitglied der »Akademie der Künste Berlin« und 1992 der »Freien Akademie der Künste Leipzig«.[27, Vgl.]

1995 emerierte Schnebel als Professor für experimentelle Musik und Musikwissenschaften in Berlin und tritt der »Bayerischen Akademie der schönen Künste« bei.[12, 27, Vgl.] Schnebel hatte ein großes kompositorisches Wirken zu seiner Zeit als Professor und er lehrte wichtige Schüler, zu denen gehörten unteranderm: Chaya Czernowin, Silke Egeler Wittman, Chico Mello und Michael Wertmüller.[14]

Auch nach seiner Emeritierung als Professor hat Dieter Schnebel viel komponiert und einige seiner Werke wurden uraufgeführt, wie beispielsweise »Ekstasis« bei Musica Viva in München, 2002.[12, Vgl.]

Das Werk »Ekstasis« verkörpert besonders stark die theologische Dimension, mit den Themen Gegenwart und Vergänglichkeit.[19, S. 37-38] Über Dieter Schnebel wurden in dieser Zeit auch zahlreiche Bücher verfasst, darunter ist ein Kunstbuch mit dem Titel: »Dieter Schnebel. Lebensblätter. Signatur 33. Schrift Bild Klang Objekt.« (2001), von Theo Rommerskirchen.

Des Weiteren wurde Schnebel mit zahlreichen Preisen wie dem »Siegmund Freud Kulturpreis« (2011)[12, Vgl.] oder dem »Bundesverdienstkreuz am Bande« (2015)[25] geehrt.[5]

---

[4]Heute:»Universität der Künste«, siehe dazu: https://www.udk-berlin.de/startseite/ (26.05.2016)
[5]Mehr dazu im Kapitel 3.1

3 Werke

3.1 Stufen des kompositorischen Wirkens

Dieter Schnebel versteht sich selbst als als Experimentierer:

> „Ich bin ein Experimentierer gewesen und bleibe es bis ans Ende meiner Tage."[15, S. 107]

In all den verschiendenen Schichten Schebels kompositorischer Entwicklung sieht man zum einen immer die Kritk am Aktuellen, zum anderen ein permanentes Streben nach Innovationen und Neuem, obwohl es (noch) keine Methoden gab, um dies zu entdecken. Er sieht die „Überwindung des Alten (..) [in der] Grenzüberschreitung"[15, S. 107].

3.1.1 Neue Musik als Abgrenzung zum Nationalsozialismus

Nach dem Ende des zweiten Weltkrieges 1945 musste sich die Musik neuorientieren. Besonders die neue Musik war von seriellen Kompositionen geprägt, denen sich Schnebel insbesondere in seinem Studium widmete.[15, S. 18 ff.] Künstler wie Schönberg, mit dem sich Schnebel unteranderem in seiner Dissertation befasste, Webern, dessen zwei Partituren maßgeblichen Einfluss auf Schnebel hatten, oder Stockhausen, den Schnebel persönlich traf, haben die Zeit nach 1945 stark geprägt.[8, 12, 11, 15]

Für Schnebel war die serielle Musik ein »Anti-Impuls« gegenüber der, durch das NS-Regime, korrumpierten romantischen Ästhetik, von der er sich klar abgrenzen wollte.[15, Vgl. S. 18] Er nahm dabei serielle Techniken auf, beschäftigte sich intensiv mit ihnen und erweiterte sie dann nach seinem Geschmack. Besonders in der „Evozierung [einer] kritische[n] Haltung gegenüber [dem] Serialismus [und] unter Verwendung neuerer Ansätze in seriellen Arbeitsprozessen"[11, S. 25] sah er eine Erweiterung und Verbesserung des seriellen Denkens und Arbeitens.

Er wendete zum Beispiel als einer der Ersten 12-Tonreihen nicht nur auf die Tonhöhe, sondern auch auf die Tondauer, die Dynamik und die Klangfarbe an, was damals völlig neu war. Außerdem führte er die serielle Gestaltungstechnik in Bezug auf vokale Kompositionen ein und es entstanden Stücke wie: *Für Stimmen...(missa est)*.[15, Vgl. S. 18 ff.]

3.1.2 Neue Musik als offener Prozess und Möglichkeit zur Provokation

1958 begegnete Schnebel bei den »Darmstädter Ferienkursen für neue Musik« den Werken von John Cage, den er 1966 persönlich kennenlernte.[8, Vgl.] Ab 1965 beschäftigte er sich sehr intensiv mit der Musik von Cage.[11, Vgl. S. 23 ff.]

7

Exkurs: Dieter Schnebel und John Cage

Die Kompositionen Cages' waren die wesentlichen Impulse für Schnebels weitere Arbeiten. Er widmet Cage mehrere Essays und gründet an seinen Lehrstuhl ein »Ensemble für experimentelle Musik«, mit dem Schwerpunkt auf Cages' Kompositionen. Cage beeinflusste Schnebel also stark.[16, Vgl. S. 21 ff.]

Dennoch hatte Schnebel und Cage unterschiedliche Themen beziehungsweise Interessengebiete. Während Schnebel seine Arbeiten der Pflege der Kommunikation, dem offenen Miteinander und den zwischenmenschlichen Beziehungen widmete, ging es Cage eher um die vereinzelte, monadenhafte Darstellung von Individuen.[16, Vgl. S. 24 ff.] Schnebel hatte außerdem theologische Aspekte, die sich mit denen von Cage unterschieden. Es gelang ihm aber immer seine eigene Identität zu waren und sein eigenes Schaffen zu verwicklichen. So gab es sogar Stücke von Cage, die Schnebel als zu extrem einstufte und daher ablehnte.

Schnebel lernte viel von Cage in Bezug auf seinen Arbeitsstil und seine einzigartige Umsetzung seiner Werke. Die „Sicht [Schnebels] auf Aufführung und Interpretation veränderte sich"[11, S. 24] auf verschiedene Art und Weise:

- „Musik ist nicht mehr nur gestalteter Klang, sondern gestaltete Zeit aller nur möglichen Materialien, vom Alltagsgeräusch über die Stille, bis zu Gesten und Bewegungen"[23, S. 15]

  In diesem Zitat stecken zwei wichtige Aussagen über Schnebels weiteres kompositorisches Wirken:

  1.) Der Blick Dieter Schnebels wurde geöffnet in Bezug auf musikalisches Material und das Materialdenken. Er weitete das Material für seine Musik nun aus und sieht es als Potenzial für Kreativität.[11, Vgl. S. 24]

  2.) Das Sprechen und die Sprache, aber auch das optische Potenzial von Musik hat Schnebel nun (an)erkannt und er kombiniert seine Musik nun als eine Mischung aus Hören, wie bisher, und Sehen. Das war damals sehr neu und sorgte somit für viel Aufsehen.[23, Vgl. S. 16 ff.][12, Vgl.]

- Für Schnebel wurde die Musik, durch Cage, nun zu einem offenen Prozess und ihre Form löste sich auf.[23, Vgl. S. 16][24, Vgl. S. 43 ff.] In fast allen Werken finden sich nun Freiräume, die Platz für Interpretationen lassen. Das liegt daran, dass Schnebel eigene Vorstellungen von der neuen Musik als Prozess hatte:

  1.) Musik ist für ihn kein fester, zu umgrenzender Zugang, sondern ein Prozess.[15, Vgl. S. 161 ff.]

  2.) Musik verliert, nach seiner Vorstellung, ihre zeitliche und räumliche Grenze.[15, Vgl. S. 162 ff.]

Dadurch gewinnt die Musik in seinen Kompositionen etwas von ihrem genuinen Charakter, also ihrem echten Wesen, zurück. Das gelingt Schnebel durch eine besondere Art von Kompositionen, die nur grundlegende Vorgaben beinhalteten. Dadurch ist die konkrete Werkgestalt einer von vielen möglichen Prozessen. Im Extremfall ist die klangliche Realisierung gar nicht festgelegt und das Stück besteht nur aus einem Konzept.[24, Vgl. S. 43] Er nimmt sich als Komponist damit bewusst zurück, um den individuellen Gestaltungsprozess miteinzubeziehen.

Das gelingt ihm zum Beispiel in *Choralspiele I*. Bei diesem Stück sind die klanglichen Vorgänge und Aktionen ausdehnbar und bieten dem Interpreten die Möglichkeit Besonderheiten zu verdeutlichen oder Vorgänge selbst weiterzuentwickeln. Dadurch kann die Musik ihren eigenen Weg gehen und sich im Laufe der Zeit wandeln.[15, Vgl. S. 161]

- Des Weiteren entwickelte sich bei Schnebel eine Abstraktion vom Szenischen zum reinen Klangtheater. Dabei rückt vor allem die Aufführungssituation in das Zentrum und es ergibt sich eine besondere Präsentation von Körpern, körperlichen Aktionen und Kommunikation, Inszenierung und dem Einsatz von Medien und Raumgestaltung. Vor allem die interaktive Einbeziehung des Raumes war zu dieser Zeit sehr neu und innovativ.

In den 1960er Jahren wurde durch New Yorker Künstler Fluxus besonders populär. Auch hier von wurde Schnebel stark beeinflusst. Die Strömung des Fluxus beflügelte und bestärkte die Künstler der neuen Musik in ihrem kompositorischen Wirken.[15, Vgl. S. 22, 27–28] Schnebel übte zu dieser Zeit besonders stark Kritik am Spießbürgertum, also den gesellschaftlichen und sozialen »Normvorstellungen«, und der Kirche aus.

So provozierte er bwusst gegen die Ikonen der Virtuosen in den bürgerlichen Konzertsälen und gegen die Bildverkehrung, denn Schnebel wollte eine Vereinigung von Hören und Sehen, um sie in das richtige Verhältnis zu bringen. Des Weiteren machte er insbesondere auf die, ihm sehr wichtige, Säkularisierung, also die Trennung von Kirche und Staat, aufmerksam.[15, Vgl. S. 26 ff.]

In *réactions – Konzert für einen Instrumentalisten und Publikum* soll der Spieler, gemäß Partitur, die Reaktionen des Publikums wieder in Musik umsetzen, um sie so bis aufs Äußerste zu provozieren.

Fluxus und John Cage hatten großen Einfluss auf Dieter Schnebel und eine Radikalisierung seiner Kompositionen zur Folge.

3.1.2.1 Radikalisierung von Schnebels Musik

Trotz der radikalen Veränderungen in Schnebels kompositorischen Wirkens hatte er stets gewisse Ziele und Ideale im Kopf, die er zu verfolgen versuchte.

Ein Ideal Schnebels war es, die Hierarchie oder Kluft zwischen dem Komponisten, dem Interpreten und dem Hörer aufzulösen. Er sieht die Integration von Disparitäten, die eine seiner kompositären Grundgedanken und ein monumentales Fragment seiner Stücke sind, als Mittel um diese Kluft zu verringern oder sogar verschwinden zu lassen. Der Zuhörer wird dabei mit Klangexperimenten konfrontiert, auf die er nicht vorbereitet ist.[15, Vgl. S. 163 ff.] Schnebel zerstört so bewusst unsere »eingeübten Erwartungen«, wie:

- Wiederholungen, Varianten und Gegensätze von einem oder mehreren Motiven

- Die Gestaltung von Tönen, Klängen oder Geräuschen, die (gewöhnlich) rhythmischen und dynamischen Strukturen unterliegen.[19, Vgl. S. 37 ff.]

Dennoch greift er nur in *réactions – Konzert für einen Instrumentalisten und Publikum* die Publikumsbeteiligung auf, obwohl das damals typisch für Fluxus war.

Außerdem lenkt Schnebel hin zur Klangpoetik, zum Im-Klangwerden und weg vom diskreten Klangergebnis. Das liegt daran, dass im Im-Klangwerden verschiedene, für Schnebel sehr wichtige, Aspekte liegen: das menschlich-kreatürliche Sich-Ausdrücken, die Expression des Künstlers und die körpereigenen Produktionsbedingungen.[19, Vgl. S. 38 ff.]

Schnebels Werke haben außerdem immer noch eine theologische Dimension, womit er den Zuhörer besonders beim Fühlen, Erfahren und im Ausdrücken-wollen seiner Komposition anspricht.[6]

Während seiner »radikalen Zeit« entstanden keine Bühnenwerke mehr, wie zum Beispiel Opern, sondern „theatralischs-Gestisches und Szenisches, Sprache, Sprechen, Lautierungen, Klangraumkonzepte und Klangbewegungen"[23, S. 15] Denn:

> „Die Musik verliert ihren Sinn, wenn die Gebärden nicht zu leben beginnen."[28, S. 111]

In dieser Zeit enstand auch die Komposition *Maulwerke für Artikulationsorgane und Reproduktionsinstrumente* (1968–1974), die handlungstragende Klangverläufe „im Theater der Organbewegungen"[23, S. 16] beinhaltet.

Auch hier bestimmt die Partitur nicht mehr, wie sonst üblich, das klangliche Erlebnis, sondern gibt Vorschläge und lässt Freiheiten für die Interpretation des Dirigenten. Die Vorschläge enthalten Bewegungsabläufe für menschliche Organe, wie zum Beispiel: die Zunge, die Lippen, der Kehlkopf oder die Lunge. Der Klang wird dann durch die Bewegungen ganz individuell erzeugt. Dabei ergibt sich ein, für den Zuschauer unsichtbares, aber hörbares Klangerzeugnis.[23, Vgl. S. 16 ff.]

---

[6]Siehe dazu Kapitel 2.1.3

Mit seinem Werk *Körper-Sprache: Organkomposition für 3-9 Ausführende* (1979–1980) bildet Schnebel das Gegenstück zu *Maulwerke für Artikulationsorgane und Reproduktionsinstrumente* (1968–1974). Hier erzeugen stumme Bewegungen von Körperteilen, wie zum Beispiel Arme, Rumpf, Kopf oder Beine, ein imaginäres, aber sichtbares Hörerlebnis. Der Zuhörer muss sich die Klänge selbst vorstellen.[23, Vgl. S. 18 ff.]

Damit erreichte er das radikale Maximum beziehungsweise den Endpunkt auf der vokalen Ebene und im Bereich der Stille, der Bewegungen und Gesten. Ein Weitergehen ist nur durch die qualitative Synthese der beiden Bereiche möglich.

Es entsteht das Werk *KörperMaulSprachWerk* (1981) und auch hier findet man eine systematische, experimentelle Entfaltung Schnebels im Bereich des Musiktheaters vor. Das Thema ist der menschliche Ausdruck der Selbstdarstellung und die Kommunikation. Dabei wird nichts nachgebildet. Stattdessen soll sich im Kopf des Publikums eine Geschichte auslösen. Das gelingt Schnebel durch „sichtbare, unsichtbare Bewegungen und Gestik, Sprach- und Ausdrucksklänge, Verhalten und Kommunizieren"[23, S. 18]

Durch die Synthese der beiden Gebiete ist Schnebel wieder am Endpunkt angelangt und eine Erweiterung ist jetzt nur noch möglich durch das Hinzufügen von Bild und Raum. Dabei geht es ihm vor allem, wie so oft, um das richtige Verhältnis von Optik und Akustik, welches die Gundlage seiner weiteren Experimente bildet.

Diese Experimente wird er später mit Tradition beziehungsweise Traditionellem, wie zum Bespiel Kanon, Fugen, Sinfonien oder Opern, verbinden.

3.1.3 Musik zur Überwindung persönlicher Lebenskrisen

Als 1966 Schnebels Frau Camille Suizid begeht fällt er in eine tiefe Krise und begibt sich sogar in therapeutische Behandlung. Das Komponieren bietet ihm einen Ausweg, um die Leere zu bewältigen.[15, Vgl. S. 44–45] Schnebel beginnt therapeutische und tiefenpsychologisch wirksame Musik zu komponieren.

Außerdem komponiert er nun pädagogische Musik. Therapeutische Aspekte lassen sich auch in *Maulwerke* oder in *Atemzüge* erkennen: der Interpret macht eine große Selbsterfahrung, wenn er sich auf das Stück einlässt. Er ist dabei mit sich selbst direkt konfrontiert und wird dadurch „freigesetzt".[18]

3.1.4 Dieter Schnebel zwischen Moderne und Tradition

Ab Mitte der 1970er Jahre setzte sich Schnebel intensiv mit Traditionen auseinander.[11, Vgl. S. 23 ff.] Verantwortliche Kunst stellt sich, seiner Meinung nach, auch immer gegen Konventionen. So stellt er sich zum Beispiel dagegen, dass neue Kunst komplex sein muss. Das ist für Schnebel die Erfüllung von Klischees, weshalb er auf Traditionen zurückgreift.

Um das zu verstehen, ist vor allem wichtig, dass man Schnebels Verständnis für
»Avantgarde(-Musik)« kennt. Ursprünglich stammt der Begriff »Avantgarde« aus dem
Militär und wird im Brockhaus von 1886 wie folgt definiert:

> „Vorhut, Vortrab, der Teil eines Heeres, welcher vor dem Gros der Armee
> marschiert, Hindernisse beseitigt, im Falle eines Angriffes aber den Feind so
> lange aufhält, bis die nachfolgende Kolonne gefechtsbreit ist (Avantgardenge-
> fecht)"[15, S.112]

Ab dem 20. Jahrhundert beschreibt der Begriff »Avantgarde« aber die gemeinsamen
Merkmale verschiedener Kunstrichtungen. Sie zeichnen sich durch Radikalität im Bruch
mit dem bisher Geltenden aus und negieren dadurch die gesamte, vorangegangene Kunst-
tradition.

Vor allem Komponisten neuer Musik nach dem zweiten Weltkrieg bezeichneten sich
als »Avantgarde-Künstler«, aufgrund ihrer Vorstellungen von Fortschritt, dem Schaffen
von Neuem und den Bruch des Vorangegangenen.

Schnebels Vorstellung von »Avantgarde« unterscheidet sich davon. Für ihn steht »Avantgarde« für Sich-Einrichten, Tradition-Bildung und teilweise sogar dem Aufgeben des
Fortschritts.[15, Vgl. S. 112 ff.] Er sieht Traditionsmaterial als Potenzial und will seine
Werke der »Neuen Musik« in Einklang mit der Tradition bringen. Gleichzeitig möchte er aber die Tradition mit seinem »Avantgarde-Verständnis« dynamisieren.[15, Vgl. S.
114 ff.] Man spricht dabei von »Postmoderne«.[7] Er ging dabei nach dem Prinzip der
„Überwindung des Alten durch [die] Grenzüberschreitung"[15, S. 107] vor:

- Zuerst nimmt er neue Ideen auf oder überlegt sich neue Ansätze, welche er dann
  aufnimmt.

- Dann beachtet er die sogenannten »Gehalte«, also sein inneres Verständnis von
  Formen der Tradition.

Anschließend gilt es diese beiden Punkte möglichst gut in Einklang zu bringen und die
Gedanken dann fortzuführen.

Dabei vollzieht Schnebel oftmals eine Gratwanderung zwischen nicht stehenbleiben,
also zu sehr an den Traditionen hängen zu bleiben, und einen Schritt zu weitgehen, also
die Traditionen zu sehr zu verändern:

> „Gefährlich [ist] die Vereinseitung: das bloße Verharren im Vorhandenen, das
> jedes Risiko scheut, oder das leere Rotieren im Fortschritt, welches die Her-
> kunft verleugnet."[6, S. 20]

---

[7]Schnebel selbst mochte diesen Begriff nicht.

Die entstandenen Werke hatten alle grundlegende Eigenschaften:

1.) Die Autonomisierung einzelner Elemente oder Klangebenen blieb bei der Neuausrichtung der Tradition weiterhin erhalten.

2.) Die heimatliche, allemanische Dialektsprache Schnebels bildet den Ausgangspunkt vieler Werke, die dann in Einklang mit den inhaltlichen und klanglichen Referenzen der neuen Musik gebracht werden. Daraus entsteht eine vielschichtige Musik und die Materialien selbst sind bildhafte Handlungsträger.

Dabei entstanden Werke wie *St. Jago* oder *Jowaegerli*, welches beispielsweise auf einem Gedicht basiert.[15, Vgl. S. 115 ff.]

Schnebels Bemühungen waren aber nicht immer erfolgreich und so scheiterte zum Beispiel der Abschluss mit der Oper *Majokowskis Tod – Totentanz – Opernfragment und Nachspiel* (1989–1997). Trotz einer extrem langen Entwicklung für die Komposition, konnte Schnebel den Koflikt zwischen der »traditionellen Oper« und seiner dialektischen Neusicht der Gattung, durch Kombination aus Experimentellen und Traditionellem, nicht lösen. Schlussendlich wurde die Oper für ihn zu einem Übergangsstadium für etwas, noch Unbestimmtes und die traditionelle Oper schied für ihn als Gattung komplett aus.[23, Vg. S. 18ff]

3.2 Werkauswahl für verschiedene Genres

Dieter Schnebel komponierte in seinem Leben insgesamt mehr als 70 Werke die veröffentlicht wurden und noch viele weitere, die er (noch) nicht publizierte. Ich werde im Folgenden nur eine kleine Auswahl seiner Werke präsentieren, um einen möglichst guten Überblick über Schnebels Wirken als Komponist zu geben.[13, Vgl.]

3.2.1 Bühnenwerke und Orchester

Dieter Schnebel komponierte zahlreiche Bühnenwerke, darunter Opern wie:

- *Jowaergerli* (1982–1983)

- *Majokowskis Tod* (1989–1997)

- *Majokowskis Tod* – Totentanz (1989–1997)

- *Utopien* (2008–2013)

Aber auch ein Ballett und Stücke für Orchester:

- Ballett: *Totentanz* (1989–1994)

- *Versuche I-IV* (1953–1954/ 1964–1965)

- *Orchestra* (1974–1985)

- *Sinfonie-Stücke* (1984–1985)

Er komponierte außerdem für Kammer- und Streichorchester:

- Kammerorchester: *Fragment* (1953)

- Kammerorchester: *inter* (1994)

- Streichorchester: *Stücke* (1954–1955)

- Streichorchester: *Blendwerk* (1978)

3.2.2 Tasteninstrumente

Außerdem zahlreiche Stücke für das Klavier und die Orgel:

- Klavier: *espressivo* (1961–1963)

- Klavier: *Walzer-Inseln* (2011–2012)

- Orgel: *Zwischenfugen* (1985)

- Orgel: *Toccata mit Fugen* (1995–1996)

3.2.3 Kammermusik

Im Bereich der Kammermusik komponierte er für viele verschiedene Instrumente, darunter:

- Streichinstrumente: *Vier Stücke* (1991)

- Streichensembles: *1. Streichquartett* (2005)

- Streichensembles mit Klavier: *B-Dur-Quintett* (1976–1977)

- Blockflöte: *PAN* (1978)

- Blasinstrumente, zum Beispiel Oboe: *Sisyphos* (1990)

- Schlagzeug: *Revolution* (1995)

3.2.4 Vokalmusik

Vor allem im Bereich der Vokalmusik war Schnebel intensiv tätig und es entstanden viele Werke, wie zum Beispiel:

- Für Singstimmen und ein anderes Instrument: *Mit diesen Händen* (1992)

- Für eine oder mehrere Singstimmen a cappella: *In motu proprio* (1995)

- Chormusik: *Für Stimmen (...missa est)* (1985)

- Symphonische Vokalwerke: *Das Urteil (nach Kafka)* (1959, rev. 1990)

3.2.5 Elektronische Musik und Sonderformen

Besonders diese Werke Schnebels sind sehr populär:

- *Visible Music I* (1960–1962)

- *Ki-No* (1963–1967, rev. 1972)

- *Maulwerke – für Artikulationsorgane und Reproduktionsgeräte* (1968–1974)

3.3 Interpretation eines Beispielwerks – »Maulwerke«

Mit der Komposition *Maulwerke für Artikulationsorgane und Reproduktionsgeräte* hat Schnebel ein Stück revolutionäre Musikgeschichte geschrieben. Es initiiert dabei den Kommunikations- und Gestaltungsprozess, behandelt verschiedene Stimmtechniken und verwandelt Sprache in Musik.[9, 3, 22, Vgl.]

Die *Maulwerke* spiegeln dabei den gesamten Arbeitsprozess bis hin zum fertigen Opus wider, der für Schnebel zum Stück gehört und den er für nachfolgende Generationen bewahren möchte. Auch hier findet man wieder Schnebels Konzept der »sichtbaren Musik«. Die musikalischen Vorgänge sollten immer eine sichtbare Komponente besitzen.[22, Vgl. S. 2 ff.] Schnebel wollte, wie so oft, die festgelegten Regeln und Formen bewusst durchbrechen und die Offenheit und Umsetzbarkeit von Abläufen zeigen. Seiner Vorstellung nach, haben Klänge immer eine politische oder gesellschaftliche Herkunft.[9, 3, 15, Vgl.]

Er setzte dabei aktiv auf eine semantische Besetzung der Klänge, um beim Zuhörer aus dem emotionalen Prozess heraus eine Phantasie zu wecken. Das Stück *Maulwerke* ist dabei außerdem von den ethischen

Abbildung 4: Die Maulwerke [21]

15

Grundsätzen Schnebels und seinen psychoanalytischen und pädagogischen Grundsätzen geprägt. Diese halfen ihm damals auch den Selbstmord seiner Frau verarbeiten zu können.[15, Vgl. S. 46 ff.]

Die *Maulwerke* stehen gleichzeitig auch noch für die Protestbewegung, bestärkt durch John Cage und Fluxus, mit dem Wunsch nach einer neuen Gesellschaft. Außerdem stellt die Komposition einen Wendepunkt in der Vokalmusik da. So wurden das erste Mal verschiedene Äußerungsformen der menschlichen Stimme miteinbezogen. Schnebel macht sich so frei von den Konventionen des damaligen Kunstgesangs. Die Stimme wurden damals nur als Medium der Sprache, der Vermittlung von Emotionen und dem Erzählen von Handlungen benutzt. Sie wurden in eine Rolle gedrängt, in der sie sich nicht entfesseln, also freimachen konnte.

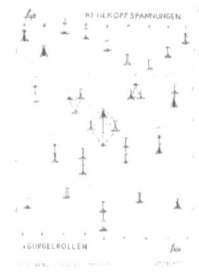

Abbildung 5: Beispielseite aus der Partitur [20]

Dieses Denken bricht Schnebel bewusst und radikal in dem er die Stimme als Grundlage der Sprache loslöste und die nonverbale Kommunikation, wie zum Beispiel Schreien, Kichern, Jammern oder Stöhnen, in seine Werk mit einbezig. Das Sprechen lernen wird jetzt zum Thema und er setzt da an, wo die Stimme ihre Wurzeln hat: In der Artikulation, also an den Produktionsprozessen der Organtätigkeiten. Das Klangresultat ist dabei nicht vorgegeben, sondern nur die Organbewegungen/-tätigkeiten und die Konstruktion der Luftströmungen.

Maulwerke besteht aus verschiedenen Teilen, beziehungsweise Studien, die aufeinander aufbauen. In den einzelnen Teilen kann sich der Interpret Stück für Stück weiterentwickelt und eine „stimmliche Schulung"[22, S. 8] durchlaufen. Hier findet sich auch wieder das Verständnis von Musik als Prozess, welches Schnebel John Cage zu verdanken hat. Der Fokus liegt hierbei klar auf den Körperfunktionen die hier normalerweise unbeachtet bleiben und nur in unser Blickfeld geraten, wenn sie nicht funktionieren. Dazu gehören die Stimmbänder oder Zungen- und Lippenbewegungen, die normalerweise intuitiv gesteuert werden. Schnebel verwandelt hier Unbewusstes in Bewusstes, um ein Bewusstsein für die Organe zu erlangen.[15, Vgl. S. 150 ff.]

Für viele Interpreten ist das zunächsteinmal befremdend, da sie mit sich selbst konfroniert sind. So berichtet eine Schülerin Schnebels beispielsweise:

> „Das Stück holte etwas aus uns heraus und, je nachdem wir das Instrument Körper, Atemluft, Lippen, Zunge oder Kehlkopf nach den notierten Vorschriften veränderten, machte das also Hörbare uns selber Angst, gab Lust oder Ruhe.(...) Mit sich selbst konfrontiert – so saß man da."[18, S. 139 ff.]

Die therapeutische Wirkung des Stückes ist unverkennbar.

Der endgültige Prozess der Komposition ist dann eine Zusammensetzung der Einzelvorgänge und Studien, in denen der Interpret sich auf das Stück einstellen soll. Vor allem die Interaktion des Körpers mit dem Raum und der Zeit wird von Schnebel explizit gefordert.

Auch in *Maulwerke* zieht er sich als Komponist wieder bewusst zurück um den Mitwirkenden viele Freiheiten zu lassen, damit sich das Stück im Verlauf der Jahre verändern kann. Schnebel stellt hier lediglich Vorschläge bereit, um sich die stimmlichen Artikulationsvorgänge bewusst zu machen und um die Art und Weise der Aktionen und der Kommunikation zu analysieren.

Dieter Schnebel ging es bei dem Stück *Maulwerke* zum einen um ein generatives Modell von Artikulations- und Kommunikationszusammenhängen, zum anderen um die Vermittlung der Körpererfahrung und die Rückführung zum eigenen Körper.[22, Vgl. S. 10]

17

4 Bedeutung

4.1 Einfluss auf die neue Musik

Dieter Schnebel ist einer der einflussreichsten und innovativsten Komponisten der neuen Musik, die er maßgeblich vorangebracht und weiterentwickelt hat. Er hat außerdem eine Vielzahl an Komponisten mit seinem Wirken beeinflusst.

Schnebel erweiterte die seriellen Techniken durch die Anwendung auf die Klangfarbe, die Dynamik und die Textur einer Komposition und als einer der Ersten wendete er serielle Gestaltungstechniken auf vokale Kompositionen an.[15, Vgl. S. 18 ff.] Er kombinierte die neue Musik mit theologischen Dimensionen und schuf so eine neue Art von »geistlicher Musik«. Außerdem wurde durch ihn das Konzertpodium zu Bühne und das »Musiktheater« enstand.[11, Vgl. S. 28 ff.]

Schnebel reicherte die neue Musik mit verschiedenen Aspekten an:

- Die Sprache, das Sprechen und das optische Potenzial von Musik wurde durch ihn in der Musik (an)erkannt und genutzt. Schnebel nutzte beides sogar in der synthetisierten Form, was damals sehr revolutionär war, um bewusst radikal zu provozieren und Skandale auszulösen.

- Durch ihn wurde der Raum und die Zeit interaktiv mit der Musik verknüpft.[18, Vgl. S. 18]

- Er bezog als einer der Ersten Tierstimmen in Chorgemeinschaften mit ein.

- Die Musik wurde dank ihm pädagogisiert. Nicht nur die Kunst an sich, sondern auch ihre Vermittlung wurden nun wichtig.[8, Vgl.]

- Schnebel integrierte außerdem psychoanalytische Aspekte mit therapeutischer Wirkung in seiner Musik und bot so Platz für die menschliche Selbstfindung.[8, Vgl.]

Des Weiteren griff Schnebel die Traditionen auf, kombinierte sie mit Neuem und dynamisierte sie so durch sein eigenes »Avantgarde-Verständnis«. Bei ihm spielte auch die gesellschaftskritische Reflexion eine Rolle, weshalb er die neue Musik mit weltanschaulichen Aspekten verbund.

Schnebels wichtige Bedeutung zeigt sich gut anhand der wichtige Schüler, die er hatte , und der Ensembles, die er gründete. Darunter die »Maulwerker«, die heute selbstständige Spezialisten sind.[7, Vgl.]

Besonders an der Professorenstelle, die eigens für ihn eingerichtet wurde, zeigt sich, welche große Bedeutung Dieter Schnebel für die Entwicklung der neuen Musik hatte.

4.2 Auswahl an wichtigen Auszeichnungen

Das Dieter Schnebel ein wichtiger und einflussreicher Komponist des 20. und 21. Jahrhunderts ist, zeigt sich auch an den Auszeichnungen, mit denen er geehrt worden ist (Auswahl):[10, 27, 8, Vgl.]

- 1972: »Deutscher Kritikerpreis«

- 1991: »Lahrer Kulturpreis«

- 1991: Mitglied der »Akademie der Künste« (Berlin)

- 1996: Mitglied der »Bayerischen Akademie der Schönen Künste«

- 1999: »Preis der Europäischen Kirchenmusik«

- 2004: »Preis der Stiftung Bibel und Kultur«

- 2015: »Bundesverdienstkreuz am Bande«

5 Literatur

[1] *Anton Webern – Wikipedia.* URL: https : / / de . wikipedia . org / wiki / Anton_ Webern (besucht am 26. 05. 2016).

[2] *Deutschlandradio Kultur – »Die Maulwerker«.* URL: http://www.deutschlandradiokultur. de / die - maulwerker . 1195 . de . html ? dram : article_id=187369 (besucht am 26. 05. 2016).

[3] *Die Maulwerker – Dieter Schnebel.* URL: http://www.maulwerker.de/repertoire/ R-schnebel-maulwerke.html (besucht am 28. 05. 2016).

[4] *Dieter Schnebel – Bild.* URL: http : / / dieter - schnebel . com / sites / default / files/1.2-Vita/02-Hansjorg-Pauli.jpg (besucht am 26. 05. 2016).

[5] *Dieter Schnebel – Bild.* URL: http://www.salzburgbiennale.at/archiv/downloads/ 2011/Schnebel_Andersen_05.jpg (besucht am 26. 05. 2016).

[6] *Dieter Schnebel, »Die Tradition des Fortschritts und der Fortschritt der Tradition. Ein Erfahrungsbericht«.* SchNeBeL 60, 1990.

[7] *Dieter Schnebel – Kurzbiographie.* URL: http : / / dieter - schnebel . com / de / dieter-schnebel/kurzbiographie (besucht am 25. 05. 2016).

[8] *Dieter Schnebel – Leben und Werke.* URL: http : / / dieter - schnebel . com / de / dieter-schnebel/leben-und-werk (besucht am 25. 05. 2016).

[9] *Dieter Schnebel: Maulwerke.* URL: https://www.jpc.de/jpcng/classic/detail/- /art/Dieter-Schnebel-geb-1930-Maulwerke-f%C3%BCr-Artikulationsorgane- Reproduktionsger%C3%A4te/hnum/4918366 (besucht am 28. 05. 2016).

[10] *Dieter Schnebel – Profil.* URL: http://www.schott-international.com/shop/ php/Proxy.php?purl=/ssh/persons/az/17066/ (besucht am 26. 05. 2016).

[11] *Dieter Schnebel – Querdenker der musikalischen Avantgarde.* Leveling Straße 6a, 81673 München: edition text + kritik im Richard Boorberg Verlag GmbH und Co KG, 2015.

[12] *Dieter Schnebel – Vita.* URL: http : / / dieter - schnebel . com / de / dieter - schnebel/leben-und-werk (besucht am 25. 05. 2016).

[13] *Dieter Schnebel – Werke in verschiedenen Gattungen.* URL: http://www.schott- musik.de/shop/persons/az/dieter-schnebel/works/katr-1660677-elektronisch- avantgardistische_sonderformen/ (besucht am 28. 05. 2016).

[14] *Dieter Schnebel – Wikipedia.* URL: https://de.wikipedia.org/wiki/Dieter_ Schnebel (besucht am 26. 05. 2016).

[15] Constantin Gröhn. „Dieter Schnebel und Arvo Pärt: Komponisten als »Theolo- gen«". Diss. Universität Hamburg, 2006.

[16] Simone Heilgendorff. „Ein Versuch zur Kreuzung der Lebenswege Dieter Schnebels und John Cages – Engagement, Weltanschauung und Praxis". In: *Neue Zeitschrift für Musik* (Ausgabe Januar und Februar 2005).

[17] *Heinz-Klaus Metzger – Wikipedia.* URL: https://de.wikipedia.org/wiki/Heinz-Klaus_Metzger (besucht am 26.05.2016).

[18] Carla Henius. *Schnebel, Nono, Schönberg, oder, Die wirkliche und die erdachte Musik: Essays und Autobiographisches.* Europäische Verlagsanstalt, 1993.

[19] Volker Kalisch. „Dieter Schnebels »Ekstasis« – Vergänglichkeit und Gegenwart". In: *Neue Zeitschrift für Musik* (Ausgabe Januar und Februar 2005).

[20] *Maulwerke.* URL: http://dieter-schnebel.com/sites/default/files/3.2. %20Graphische%20Partituren/3.2.3.%20Maulwerke/IMG_4068.JPG (besucht am 28.05.2016).

[21] *Maulwerke – Titelbild.* URL: http://dieter-schnebel.com/sites/default/files/3.2.%20Graphische%20Partituren/3.2.3.%20Maulwerke/IMG_4067.JPG (besucht am 28.05.2016).

[22] Die Maulwerke. *Maulwerke für Artikulationsorgane.* Beiheft der DVD: Dieter Schnebel »Maulwerke«, Filmversion »Die Maulwerker«. 2011.

[23] Gisela Neuck. „Das Musiktheater Dieter Schnebels – Dialektische Neusichtung der Gattung". In: *Neue Zeitschrift für Musik* (Ausgabe Januar und Februar 2005).

[24] Max Nyffeler. „Dieter Schnebels »Sinfonie X« – Das monumentale Fragment". In: *Neue Zeitschrift für Musik* (Ausgabe Januar und Februar 2005).

[25] *Prof. Dieter Schnebel erhält das Verdienstkreuz am Bande.* URL: https://www.berlin.de/sen/kultur/aktuelles/pressemitteilungen/2015/pressemitteilung.288029.php (besucht am 24.05.2016).

[26] *Salzburg Biennale: Festival für neue Musik – Archiv.* URL: http://www.salzburgbiennale.at/archiv/downloads/2011/Schnebel_large.jpg (besucht am 26.05.2016).

[27] *Schnebel, Dieter in Munzinger Online – Internationales Biographisches Archiv.* URL: http://www.munzinger.de/document/00000019327 (besucht am 27.04.2016).

[28] Dieter Schnebel. „Studien zur Dynamik Schönbergs". Diss. Universität Tübingen, 1954.

21